T0025464

HAGAN QUE SUS ACCIONES REFLEJEN SUS PALABRAS

Publicado por AKIARA books
Plaça del Nord, 4, pral. 1a
08024 Barcelona (España)
www.akiarabooks.com/es
info@akiarabooks.com

Primera edición: noviembre de 2019
Colección: Akiparla, 3
Diseño y coordinación de la colección: Inês Castel-Branco

Este libro ha sido impreso con papel certificado FSC,
proviene de fuentes respetuosas con la sociedad y el medio ambiente
y puede ser considerado un «libro amigo de los bosques».

Impreso en dos tintas, el texto interior en papel reciclado Shiro Echo Blanc
de 120 g/m² y la cubierta en cartulina Kraftliner de 250 g/m².
Se usaron las fuentes Celeste Pro Book, Helvetica Narrow y Franklin Gothic Std.

Impreso en España
@Agpograf_Impressors
Depósito legal: B 24.794-2019
ISBN: 978-84-17440-52-7

SEVERN
CULLIS-SUZUKI

HAGAN QUE SUS ACCIONES REFLEJEN SUS PALABRAS

Comentario de Alex Nogués // Ilustraciones de Ana Suárez // Edición bilingüe

ÍNDICE

DISCURSO

Pronunciado por Severn Cullis-Suzuki en la Cumbre de la Tierra

CLAVES DEL DISCURSO

Una niña sube al estrado. El mundo calla y la escucha

DISCURSO PRONUNCIADO POR SEVERN CULLIS-SUZUKI EN LA CUMBRE DE LA TIERRA

Río de Janeiro, 11 de junio de 1992

Hello, I'm Severn Suzuki speaking for ECO, the Environmental Children's Organization. We are a group of 12 and 13 year olds trying to make a difference: Vanessa Suttie, Morgan Geisler, Michelle Quigg and me.

We've raised all the money to come here ourselves, to come five thousand miles to tell you adults you must change your ways.

Hola, me llamo Severn Suzuki y hablo en nombre de ECO, organización infantil por el medioambiente. Somos un grupo de niñas de doce y trece años que luchamos para que algo cambie: Vanessa Suttie, Morgan Geisler, Michelle Quigg y yo.

Hemos recaudado el dinero necesario para venir aquí solas, a más de 8.000 km de casa, para decirles a ustedes, los adultos, que deben cambiar su forma de actuar.

Coming up here today, I have no hidden agenda. I am fighting for my future.

Losing my future is not like losing an election or a few points on the stock market.

I am here to speak for all generations to come.

I am here to speak on behalf of the starving children around the world whose cries go unheard.

I am here to speak for the countless animals dying across this planet, because they have nowhere left to go.

Al venir aquí hoy no escondo mis intenciones: estoy luchando por mi futuro. Perder mi futuro no es como perder unas elecciones o perder puntos en bolsa.

He venido a hablar por todas las generaciones venideras.

He venido a hablar en nombre de todos los niños que pasan hambre en el mundo y cuyo llanto no oye nadie.

He venido a hablar por los incontables animales que están muriendo por todo el planeta, porque ya no tienen adónde ir.

I am afraid to go out in the sun now because of the holes in our ozone.

I am afraid to breathe the air because I don't know what chemicals are in it.

I used to go fishing in Vancouver, my home, with my dad until just a few years ago we found the fish full of cancers.

And now we hear of animals and plants going extinct every day, vanishing forever.

In my life, I have dreamt of seeing the great herds of wild animals, jungles and rainforests full of birds and butterflies, but now I wonder if they will even exist for my children to see.

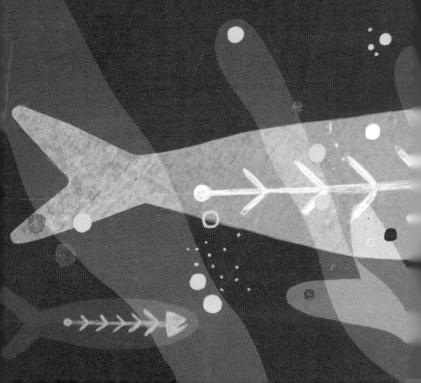

Me da miedo salir al sol porque nuestra capa de ozono tiene agujeros.

Me da miedo respirar porque no sé qué productos químicos hay en el aire.

Yo antes salía a pescar con mi padre en Vancouver, mi hogar, hasta que hace unos años encontramos peces llenos de tumores.

Y ahora nos dicen que cada día se extinguen animales y plantas, que desaparecen para siempre.

Yo he soñado con ver algún día las grandes manadas de animales salvajes, las junglas y los bosques lluviosos repletos de aves y mariposas, pero me pregunto si aún estarán ahí para que las vean mis hijos.

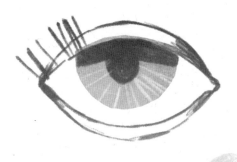

Did you have to worry of these things when you were my age?

All this is happening before our eyes and yet we act as if we have all the time we want and all the solutions.

I'm only a child and I don't have all the solutions, but I want you to realize, neither do you! You don't know how to fix the holes in our ozone layer. You don't know how to bring the salmon back up a dead stream. You don't know how to bring back an animal, now extinct, and you can't bring back the forests that once grew where there is now a desert.

If you don't know how to fix it, please stop breaking it!

Y ustedes, ¿tuvieron que preocuparse por estas cosas cuando tenían mi edad?

Todo esto ocurre ante nuestros ojos y, sin embargo, seguimos actuando como si tuviéramos todo el tiempo del mundo y todas las soluciones.

Yo soy solo una niña y no tengo todas las soluciones, pero ¡quiero que vean que ustedes tampoco! No saben arreglar los agujeros de nuestra capa de ozono. No saben hacer que los salmones remonten un arroyo muerto. No saben devolver a la vida a un animal extinto. Y no pueden recuperar los bosques que crecían donde ahora hay desiertos.

Si no saben arreglarlo, por favor, ¡dejen de estropearlo!

Here, you may be delegates of your governments, business people, organizers, reporters, or politicians — but really you are mothers and fathers, sisters and brothers, aunts and uncles — and *all* of you are someone's child.

I'm only a child yet I know we are all part of a family, five billion strong; in fact, 30 million species strong and borders and governments will never change that.

I'm only a child yet I know we are all in this together and should act as one single world towards one single goal.

In my anger, I am not blind, and in my fear, I am not afraid of telling the world how I feel.

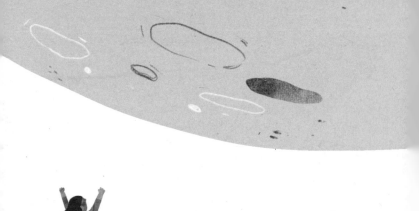

Aquí tal vez ustedes vienen como delegados de sus gobiernos, gente de negocios, organizadores, periodistas o políticos, pero en realidad son madres y padres, hermanas y hermanos, tías y tíos... y todos ustedes son hijos de alguien.

Yo soy solo una niña, pero sé que todos formamos parte de una familia, una familia de cinco mil millones de personas, una familia, de hecho, de treinta millones de especies, y las fronteras y los gobiernos no podrán cambiar nunca eso.

Yo soy solo una niña, pero sé que estamos todos en el mismo barco y que deberíamos actuar como un solo mundo hacia una sola meta.

En mi rabia, no estoy ciega, y en mi miedo, no temo contarle al mundo cómo me siento.

In my country, we make so much waste; we buy and throw away, buy and throw away, buy and throw away, and yet northern countries will not share with the needy. Even when we have more than enough, we are afraid to share, we are afraid to let go of some of our wealth.

In Canada, we live the privileged life, with plenty of food, water, and shelter. We have watches, bicycles, computers, and television sets. The list could go on for two days.

¡En mi país derrochamos tanto! Compramos y tiramos, compramos y tiramos, compramos y tiramos... Y, sin embargo, los países del Norte no comparten con los necesitados. Incluso cuando tenemos más que suficiente, nos da miedo compartir, nos da miedo renunciar a parte de nuestra riqueza.

En Canadá gozamos de una vida privilegiada, con abundancia de comida, agua y viviendas. Tenemos relojes, bicicletas, ordenadores y televisores. La lista podría seguir durante dos días.

Two days ago here in Brazil, we were shocked when we spent time with some children living on the streets. This is what one child told us: "I wish I was rich and if I were, I would give all the street children food, clothes, medicines, shelter, and love and affection."

If a child on the streets who has nothing, is willing to share, why are we who have everything still so greedy?

I can't stop thinking that these are children my own age; that it makes a tremendous difference where you are born; that I could be one of those children living in the favelas of Rio; I could be a child starving in Somalia, or a victim of war in the middle east, or a beggar in India.

I am only a child yet I know if all the money spent on war was spent on finding environmental answers, ending poverty, and finding treaties, what a wonderful place this earth would be!

Hace dos días, aquí en Brasil, hubo algo que nos sorprendió mucho cuando estábamos con unos niños de la calle. Uno de ellos nos dijo: «Ojalá fuera rico. Y, si lo fuera, daría a todos los niños de la calle comida, ropa, medicinas, un techo y amor y cariño».

Si un niño de la calle que no tiene nada está dispuesto a compartir, ¿por qué los que lo tenemos todo seguimos siendo tan codiciosos?

No puedo dejar de pensar en que estos niños tienen mi edad; en lo que te llega a marcar dónde naces; en que yo podría ser uno de esos niños que viven en las favelas de Río; podría ser una niña muriéndose de hambre en Somalia, o una víctima de la guerra en Oriente Medio, o una mendiga en la India.

Yo soy solo una niña, pero sé que, si todo el dinero que se gasta en guerras se gastara en buscar soluciones medioambientales, en poner fin a la pobreza y en lograr acuerdos, ¡la Tierra sería un lugar maravilloso!

At school, even in kindergarten, you teach us how to behave in the world. You teach us to not to fight with others, to work things out, to respect others, to clean up our mess, not to hurt other creatures, to share and not be greedy.

Then why do you go out and do the things you tell us not to do?

Do not forget why you're attending these conferences, who you're doing this for. We are your own children. You are deciding what kind of world we are growing up in. Parents should be able to comfort their children by saying "everything's going to be alright," "it's not the end of the world" and "we're doing the best we can."

En la escuela, ya desde el jardín de infancia, ustedes los adultos nos enseñan a comportarnos en la vida. Nos enseñan a no pelearnos unos con otros, a buscar soluciones, a respetar a los demás, a enmendar lo que hacemos mal, a no hacer daño a otros seres vivos, a compartir y a no ser codiciosos.

Entonces, ¿por qué van por el mundo haciendo las cosas que nos dicen que no hay que hacer?

No olviden para qué asisten a estas conferencias, por quién lo hacen. Somos sus hijos. Están decidiendo en qué mundo vamos a crecer. Los padres deberían poder consolar a sus hijos diciendo cosas como «todo irá bien», «no es el fin del mundo» o «lo estamos haciendo lo mejor que podemos».

But I don't think you can say that to us anymore. Are we even on your list of priorities?

My dad always says "you are what you do, not what you say".

Well, what you do makes me cry at night.

You grown-ups say you love us. But I challenge you, please make your actions reflect your words.

Thank you.

Pero creo que ya no pueden seguir diciéndonos eso.

¿Estamos siquiera en su lista de prioridades?

Mi padre siempre me dice: «Eres lo que haces, no lo que dices».

Pues bien, lo que ustedes hacen me hace llorar por las noches.

Ustedes, adultos, dicen que nos quieren. Pero yo les reto: por favor hagan que sus acciones reflejen sus palabras.

Gracias.

CLAVES DEL DISCURSO
Una niña sube al estrado. El mundo calla y la escucha

Alex Nogués

Hola, mundo. Me llamo Severn Suzuki

Del 3 al 14 de junio de 1992 el mundo, de manera oficial, abrió los ojos... o eso parecía. Todas las naciones del planeta habían sido convocadas a la Cumbre para la Tierra de Río de Janeiro (Brasil), organizada por Naciones Unidas. El objetivo: pactar una hoja de ruta global, unos compromisos con los que condicionar el desarrollo de los estados a las necesidades de los ecosistemas salvajes; frenar la tala indiscriminada de bosques; proteger la biodiversidad del planeta y revertir —o al menos frenar— el calentamiento global que ya se empezaba a detectar y comprender. En el fondo, por primera vez, se intentaba que el progreso humano fuera solidario con la salud del planeta. Se adoptó el concepto de *desarrollo sostenible*, que jamás hemos llegado a entender o a creernos del todo. En 1992 existía ya una evidente preocupación por los estragos a los que el progreso estaba sometiendo a la Naturaleza. En 1992 se empezaba a ver la boca del monstruo que habíamos desatado y que venía a por nosotros.

En ese contexto, el día 11 de junio, una niña de 12 años, en nombre de una organización infantil, está a punto de subir al estrado y dar la cara.

Se llama Severn Cullis-Suzuki.

En el momento en que escribo estas líneas, esa niña tiene 39 años y dedica su vida a la protección de la lengua, las costumbres y los territorios naturales de los haida, en la Columbia Británica de Canadá, donde vive con su marido y sus dos hijos. Ya a los 15 años fue adoptada ceremonialmente por los haida, en el clan Lobo-Cuervo de Tanu por el jefe Chee Xial, Miles Richardson Sr. Le pusieron de nombre Kihlgula Gaay.ya, que significa 'buena oradora'.

Buena oradora.

¿Es eso cierto? Sin duda.

Volvamos al 11 de junio de 1992.

Una niña sube al estrado.

El mundo calla, la escucha.

«Hola. Me llamo Severn Suzuki».

He venido a luchar. He venido a despertaros

Pronto sabrán que ha recorrido más de 8.000 km junto a sus amigas y compañeras de lucha e ilusiones. Ha venido a decir la verdad, a que los líderes del mundo la afronten. No se esconde: «Me llamo Severn Suzuki». Es un acto de educación, sí, pero ante todo de valentía. No es solo una presentación, también es un aviso. Soy una niña, he venido a luchar y no os tengo miedo. Su voz está teñida por la fuerte convicción y la urgencia de hacer lo que toca hacer: despertar conciencias en un momento crucial. Enseguida deja claro que ha venido a exigir respuestas y sobre todo acción a los adultos del mundo entero, que deben cambiar su forma de actuar. Se dirige a los mandatarios del mundo no solo en su calidad de líderes, políticos o estrategas, sino también como hermanas y hermanos, padres y madres.

¿Y los padres de Severn? ¿Quiénes son? El espíritu activista y el don de la comunicación le vienen de serie. Su padre es David Suzuki, un reconocido científico y famoso divulgador televisivo, y su madre, Tara Cullis, escritora, activista ambiental y cofundadora de diez organizaciones, entre las que se encuentra la David Suzuki Foundation.

«Lucho por mi futuro», dice Severn.

Mirada.

Silencio.

«He venido a hablar por todas las generaciones venideras».

Mirada.

Silencio.

Severn teme que sus hijos no podrán ver las junglas y los bosques lluviosos repletos de aves y mariposas. Ahora siente ese miedo de manera directa. Cuando eres niño, el tiempo no existe. Cuando eres joven, es infinito. Cuando tienes hijos, el tiempo es una urgencia de futuro. El 11 de junio de 1992, y todos los días que lo seguirán, Severn se convierte en una abogada intergeneracional, alguien que defiende a las generaciones futuras. Lucha por el presente y por todos los presentes que vendrán. Pero ¿existen los delitos intergeneracionales? Pensemos en un bosque. Talar un bosque que ha tardado centenares de años en crecer significa negárselo a varias generaciones. Negarles el aire que limpian, el agua que retienen, su sombra, el paisaje, los paseos, sus frutos, su leña. Negarles el bosque es negarles el otoño y la primavera, los juegos, los palos con los que hacer una cabaña.

Debería preguntárseles a nuestros hijos, nietos, bisnietos y tataranietos si los motivos por los que se talará ese bosque son justificables. Pero, hasta que no inventemos una máquina del tiempo para permitir esa utópica democracia que atraviese los siglos, la decisión de talar un bosque no debería tomarse sin poner antes en la balanza las consecuencias de su desaparición a, por ejemplo, trescientos años vista.

¿Y el suelo? El suelo es la base de todo, de los bosques, de la agricultura, y juega un papel crucial en la infiltración y la filtración de las aguas que llegarán a los acuíferos y a los ríos. El suelo se elimina muy deprisa. Una retroexcavadora, en una hora, puede eliminar decenas de metros cúbicos de suelo. ¿Cuánto tiempo tardará en formarse de nuevo? En este caso podemos estar hablando de miles de años. Negarles el suelo a decenas de generaciones y a miles y miles de especies de plantas y animales, sin un motivo muy justificado por el bien común, podría entenderse como un crimen contra la humanidad. Los bosques y el suelo deberían estar entre nuestros bienes más venerados y son de hecho de los más menospreciados. El suelo desaparece por acción de los humanos a un ritmo de cien mil millones de toneladas al año.

¿Tan solo una niña hablando de niños?

Los representantes de los 172 países participantes llevaban diez días lidiando con datos tan abrumadores como este y con las largas y difíciles negociaciones, que además no parecían ir muy bien. Estados Unidos presentó una fuerte oposición a los principios y acuerdos que se debatían en la cumbre y, de hecho, se negó a firmar el Convenio sobre Diversidad Biológica.

Agotados, como se puede ver en algunos planos del vídeo del discurso, alzan la cabeza para escuchar esa voz infantil, capaz de explicarles las cosas con tanta sencillez y convicción.

Severn es tan solo una niña, como dice ella, pero ha venido a hablar alto y claro sobre el llanto de los niños hambrientos que nadie escucha.

En la cumbre de Río, como en tantas otras, se pueden vivir las mayores contradicciones del mundo. Porque en Río de Janeiro, el despliegue de seguridad, hoteles, vuelos chárter y comilonas debió de ser fastuoso. Los presidentes y los ministros no acostumbran a ser gente de necesidades humildes. Severn Cullis-Suzuki y los suyos venían de hablar con los niños de las favelas, donde la gente se hacina sin agua corriente, sin alcantarillas, sin medicinas, con la comida justa para no morir de hambre y con ni siquiera la sombra de un futuro. Quizás los líderes del mundo no vean o no quieran ver el contraste desgarrador de esas realidades, pero a una niña como Severn, en su ingenuidad, no se le escapa que su vida privilegiada en Canadá no puede estar más lejos de la de esos niños en Brasil. ¿Cómo podemos ser tan avaros? No tenemos nada para ellos y tanto para nosotros...

Los niños son niños en todas partes. Tienen ilusiones. Sueños. ¡Tienen derechos! Y uno de esos derechos es el de vivir en un medio ambiente saludable.

Los salmones, nuestros salmones, están llenos de tumores

Severn explica a su audiencia que iba al río con su padre a pescar hasta que un día encontraron salmones llenos de tumores. ¿Es una pesadilla? No. Es la cruda realidad.

Antonio Sandoval, educador ambiental, apasionado de las aves y fabuloso escritor, acuñó la palabra *naturalgia* para nombrar el sentimiento de desolación que se siente ante la destrucción y la degradación de la Naturaleza.

Un sentimiento que te oprime y que nadie debería sentir jamás.

La Naturaleza somos nosotros. No es tan solo nuestro hogar, un bonito paisaje o nuestra fuente de recursos y ocio. Somos Naturaleza. Existimos gracias a (y en) una larguísima y antiquísima cadena de equilibrios que han superado miles de azarosos acontecimientos.

«Todo depende de todo lo demás» dicen los haida. Y tienen toda la razón.

Ellos ya lo sabían. Occidente lo olvidó.

Y ahora los animales y las plantas se extinguen a un ritmo nunca visto.

¡Hemos venido a hablar de esto!, se exclama Severn.

La naturalgia la ha llevado hasta allí, lejos de casa. Ella y sus amigas han tomado las riendas y se enfrentan a un gigante.

Codicia

Porque en la base de todo el problema está la economía. ¿Por qué somos tan codiciosos?, pregunta Severn.

En la economía de mercado lo importante son los parámetros macroeconómicos, no las personas con nombre y apellidos ni sus microeconomías concretas. La evolución de la bolsa. El crecimiento anual. La prima de riesgo. El producto interior bruto. Eso sí que importa. El producto interior bruto (PIB) o «conjunto de bienes y servicios generados por la economía de un país en un año, contabilizados a precio de mercado», según el Diccionario del Español Jurídico. ¿Mide el PIB lo que realmente importa? ¿Nos dice la bolsa cómo es de feliz la gente?

Los valores de la bolsa no deberían ser nuestra guía. Severn también habla de otros valores, los valores con mayúscula: la paz, el respeto, no hacer daño a otros seres vivos, enmendar lo que hacemos mal, compartir... Todo lo que se enseña a los niños pequeños y que después los adultos se regocijan en no cumplir ¿Por qué este sinsentido? ¿Qué estúpido engaño es este?, clama Severn.

Con un tono de voz contundente recuerda a todos los asistentes para qué están ahí, por quién hacen las cosas. Las decisiones que tomen moldearán el mundo en el que sus hijos crezcan.

¿Todo irá bien?

Severn se pregunta si los padres y madres del mundo pueden seguir consolando a sus hijos diciéndoles cosas como «todo irá bien», «no es el fin del mundo» o «lo estamos haciendo lo mejor que podemos». ¿Pueden los que eran niños en 1992 usarlas veintisiete años después? Y tú que me estás leyendo ¿puedes, si eres joven, reclamar a tus padres responsabilidades? ¿puedes, si eres mayor, responder con la conciencia tranquila?

Preguntas de difícil respuesta.

El gran escritor Kurt Vonnegut, en una ceremonia de graduación a la que fue invitado, dijo:

«Cada vez que mis hijos lamentan el estado del planeta, yo les digo: "¡A callar, que yo también soy un recién llegado! ¿Quién os pensáis que soy? ¿Matusalén?"».

En el año 2010 en el documental *Severn, la voix de nos enfants* ['Severn, la voz de nuestros hijos'] Severn Cullis-Suzuki, por entonces embarazada de su primer hijo, reflexiona sobre los dieciocho años transcurridos tras el famoso discurso y no puede evitar emocionarse. Es una Severn adulta que ha aprendido que la guerra nunca se acaba y el enemigo es poderoso e insensible. Son algunas las victorias, pero muchas las batallas perdidas en estos años. No podemos decir que estemos mejor que entonces, más bien al contrario.

La inercia en los asuntos humanos es enorme. El tiempo pasa muy rápido y los cambios son lentos y a menudo oscilantes. La gente joven deberéis estar ahí, siempre, para despertarnos de nuestros estúpidos letargos. Es un encargo que recibir y que dar, en el lapso de un pestañeo.

La persuasión como arma de transformación masiva

Debemos luchar juntos, con la voz de Severn como bandera, sin reproches y con convicción.

Una lucha por el ser humano, por la justicia, por la belleza.

Actúa, aprende, cambia, protege, grita, convence, persuade. Sigue el camino de Severn.

El discurso de la pequeña Severn Cullis-Suzuki es perfecto y podemos aprender mucho de él. Pura persuasión. Habla en primera persona y se dirige a una audiencia a la que interpela sin descanso con preguntas retóricas, silencios y miradas. El tono es serio y se modula según los argumentos que van apareciendo, mostrándose a ratos preocupada y a ratos indignada. Pero, que no se confundan: «En mi rabia, no estoy ciega. Y en mi miedo, no temo explicarle al mundo cómo me siento». No solo no está ciega, sino que, con cada frase, con cada una de sus sentencias, demuestra una gran lucidez. No solo no teme explicarle al mundo como se siente, sino que lo hace utilizando todo lo que un buen discurso debería tener, como ya bien sabían los griegos hace veinticuatro siglos:

Ethos (credibilidad), algo muy difícil para una niña de 12 años, pero que resuelve pronto: hemos recorrido más de 8.000 km, nos hemos pagado los gastos. Somos una organización ambiental. Además, con su actitud seria y decidida elimina pronto cualquier duda. Habla de las cosas que sabe. Como niña que es, habla de los niños que viven en las favelas, que ha visitado. Habla de lo que se enseña en las guarderías y las escuelas.

Pathos (emotividad): Severn habla de sus días de pesca, de su padre, de sus sueños, sus miedos. Se muestra vulnerable y sensible. Explica su experiencia en las favelas. Les recuerda a los presentes que forman parte de una familia. Que algunos tienen hijos y todos son hijos de alguien, reclamándoles empatía con la lucha que viene a defender.

Logos (solidez racional): aquí Severn no necesita extenderse con datos, ni gráficas, ni predicciones. Los asistentes llevan días escuchando a científicos que les muestran la cruda realidad con todo lujo de detalles e informes. El contexto es puro *logos*.

El discurso está plagado de figuras retóricas, en especial las repeticiones y las acumulaciones. «Yo soy solo una niña», «He venido a hablar». Insiste en los conceptos importantes con mecanismos que ayudan a reforzar un mensaje claro y potente: hagan lo correcto por sus hijos y, si no saben arreglar el mundo, ¡dejen de estropearlo!

Ella será Kihlgula Gaay.ya.

Que nuestras acciones reflejen nuestras palabras

Si te fijas en el vídeo del discurso, verás como las expresiones y la actitud de los asistentes van cambiando. Un delegado de Belice cruza su mirada con la cámara y la baja avergonzado. ¿Y los representantes de España? Justo en el momento en que Severn con ironía dice «lo estamos haciendo lo mejor que podemos», aparece en pantalla un representante de Japón y tras él, la placa «Spain» y tres asientos vacíos. No he encontrado ninguna referencia al discurso en la prensa generalista de aquellos días. De hecho, el seguimiento de la cumbre no daba para más de tres cuartos de página al día en los principales diarios de la época. Tampoco ha mejorado mucho la atención mediática a los problemas ambientales. Te reto a que lo compruebes. Suma las páginas de prensa o minutos de televisión y radio de información deportiva y las relacionadas con el medio ambiente. Hazlo durante un par de semanas y saca tus propias conclusiones.

En junio de 1992 en España estábamos inmersos en los fastos preolímpicos y la Exposición Universal de Sevilla. El 6 de junio de 1992, *La Vanguardia* desarrollaba a media página este titular sobre la cumbre de Río: «España esboza sus planes para adaptarse al cambio del clima». La otra media la destinó a un anuncio de aires acondicionados. La marca anunciante se vanagloriaba de ser «El dominio del clima». No quisiera ser mal pensado; debió de tratarse de una casualidad.

Frenar la inercia destructiva de las actividades humanas será difícil. Por ello, seas madre, padre, hija o hijo... arremángate y actúa.

«Eres lo que haces, no lo que dices» concluye Severn, parafraseando a su padre. Su discurso es una danza emocional entre el ruego y la exigencia. ¿Dónde está la coherencia de los adultos? La coherencia podría salvarnos

Que tus acciones reflejen tus palabras.

Que tus acciones no hagan llorar a los niños por las noches.

No parece imposible conseguirlo. Pongámonos a ello, sin desfallecer; insistiendo, una y otra vez, en las cosas en las que creemos.

Escuchar los ecos, deliberadamente

Pero para cambiar el mundo lo primero es cambiar nosotros mismos. Y para cambiar tenemos que escuchar, deliberadamente.

Escuchemos la voz de la madre de Severn, Tara Cullis.

Ella también fue adoptada por los haida. La llaman Jaad Gaa Skuudagaas ('madre del conocimiento'). Su gran lucha es devolver el equilibrio al pensamiento occidental, responsable de tanta destrucción. En Occidente sobrevaloramos el lado izquierdo del cerebro, reduccionista y lineal, nos explica. Necesitamos devolver a la ecuación del pensamiento el lado derecho. Es decir, debemos fomentar, escuchar e integrar en la economía y la sociedad la voz de los indígenas, de las mujeres, de los poetas, de los músicos y de los filósofos.

«Hay fuerzas —dice Tara Cullis— que constantemente intentan destruir y separarnos; elijo formar parte de las fuerzas que nos unen».

Escuchemos también a los haida: «El mundo es tan afilado como el filo de un cuchillo. Debemos procurar no caer de él».

Considera tus actos y calibra que sus consecuencias sean correctas. El equilibrio en el mundo es tan fácil de romper, tan peligroso hacerlo y tan difícil de recuperar una vez roto...

Guiada por sus inquietudes, Severn Cullis-Suzuki estudió biología y se especializó en etnoecología. La etnoecología es la fusión de la ecología como ciencia y el conocimiento que los diferentes grupos humanos tienen del uso tradicional de plantas y otros recursos naturales de su entorno.

Las naciones indígenas de Norteamérica vivían en equilibrio con los ecosistemas que los acogían. Lo correcto, de hecho, sería decir que formaban parte de él. Disponían de un gran conocimiento de la ecología del lugar donde habitaban y de cómo gestionar los recursos. Debemos escucharlos y aprender. Debemos, con esa inspiración, encontrar la manera de volver a vivir de un modo que nos permita sobrevivir a largo plazo, según nos cuenta Severn.

Con los años la propia Severn ha ido desplazando su lucha global, iniciada hace casi treinta años, a luchas locales en Haida Gwaii. Concentra tus energías en proteger los bosques que aún quedan cerca de tu casa. Exige que el río que pasa por tu pueblo discurra limpio y caudaloso. Lucha con los tuyos por el suelo que pisas. Convierte tu jardín, tu patio, tu balcón en una florida esperanza. Piensa global y actúa local.

Escuchemos a los poetas, como nos recomienda Tara Cullis. Gary Snyder lo resumió en su poema *Para los niños*:

> estad juntos
> aprended las flores
> id ligeros

Y no deja de ser esta la sabiduría de los pueblos indígenas. ¿Cuánto sabes de las plantas y animales de tu entorno? ¿Cuántas cosas consumes? ¿Dedicas suficiente tiempo a tu gente?

Escuchemos la voz de tantas personas que, durante años, siglos, nos han advertido, nos han cuestionado el modelo y nos han apremiado a actuar.

En el año 1800 el gran naturalista Alexander von Humboldt ya lo predijo al ver los estragos que la colonización estaba provocando en los espacios salvajes de Sudamérica. La humanidad, escribió, tiene el poder de destruir el entorno y las consecuencias serán catastróficas.

El jefe indígena Si'ahl, de la nación suquamish, pronunció un discurso en 1854 ante un representante del gobierno de Estados Unidos, respondiendo a una oferta para comprar sus tierras ancestrales:

> Enseñad a vuestros hijos lo que hemos estado enseñando a los nuestros, que la tierra es nuestra madre. Lo que acontece a la tierra, acontece a los hijos de la tierra. Si los hombres escupen al suelo, están escupiendo sobre sí mismos. Esto sabemos. La tierra no pertenece al hombre blanco, sino que el hombre blanco pertenece a la tierra. Todas las cosas están conectadas. Lo que acontece a la tierra, acontece a los hijos y las hijas de la tierra. El hombre no tejió la red de la vida; solo es uno de sus hilos.

«Termina la vida y empieza la supervivencia». Acababa así el discurso, preguntándose qué ocurrirá cuando desaparezca el matorral y el águila en manos del hombre blanco.

«No se oía ni el más leve sonido de cantos de pájaros. Yo estaba sobrecogida, aterrada. ¿Qué es lo que está haciendo el hombre de nuestro perfecto y bello mundo?», escribió Rachel Carson en su libro *Primavera silenciosa* en 1962, en el que nos abrió los ojos ante el desastre que los pesticidas y la agricultura intensiva estaban (y continúan) produciendo.

En 1972, Félix Rodríguez de la Fuente presagiaba en televisión que acabaríamos ahogados en plásticos. Consideraba que «la nuestra puede muy bien llamarse la "Civilización de la Basura"».

En septiembre de 2013, en la Asamblea General de las Naciones Unidas, José Mújica, el entonces presidente de Uruguay, reflexionaba:

> Prometemos una vida de derroche y despilfarro, que en el fondo constituye una cuenta regresiva contra la naturaleza y contra la humanidad como futuro. Civilización contra la sencillez, contra la sobriedad, contra todos los ciclos naturales, pero peor: civilización contra la libertad que supone tener tiempo para vivir las relaciones humanas.

El clamor de la belleza

Todas esas voces y muchas otras que no caben aquí. Quizás oídas, pero no escuchadas. Deben ser ahora escuchadas y asimiladas con la urgencia de saber que el tiempo se acaba. Los ecosistemas tienen un límite, un punto sin retorno. En nuestra ceguera y prepotencia ni siquiera sabemos si ya los hemos superado. Y, si la avaricia del hombre es tal ante la abundancia, ¿en que se convertirá en la escasez? Desde el punto de vista de la Naturaleza no hay drama. En una batalla abierta del ser humano contra lo salvaje, lo salvaje ganará. La vida se abre camino ante todas las adversidades. No estamos ante el fin de la vida. Estamos ante el peligroso fin de lo que conocemos y a lo que nos hemos adaptado a lo largo de las últimas decenas de miles de años. En lo desconocido, el ser humano tiene pocas posibilidades de sobrevivir. Aunque quizás tampoco estemos ante el fin del ser humano, pero sentimos que estamos ante el fin de algo. «El jardín del Edén ya no existe», sentenció el gran naturalista David Attenborough hace unos meses. No podemos dejar a la gente morir de hambre o ahogarse en el mar. No podemos quedarnos de brazos cruzados ante la desaparición de una especie, ante la tala de un bosque primario, ante la desertización del mar. «El encanto de la belleza estriba en su misterio; si deshacemos la trama sutil que enlaza sus elementos, se evapora toda la esencia», dijo Friedrich Schiller, otro poeta. Extinguir el misterio de miles de descubrimientos de especies desconocidas. Convertir los recodos de un bosque en una planicie de monocultivo. Aniquilar miles de futuros de niños, con sus vidas asfixiadas por la avaricia de unos pocos. Estamos ante el fin de la belleza.

Nuestro mundo es el humus y las flores, la sombra de un árbol, el parloteo desenfrenado de las golondrinas en primavera. Es el agua fresca y transparente del río y los mil azules del mar. Nuestro mundo empieza en el abrazo de un hijo, en la sonrisa de un amigo y en el beso de un amor. El asfalto, el dinero, el motor y la tecnología son construcciones humanas que nos hacen cómoda la vida pero que a la vez nos deshumanizan.

Debemos escuchar y entender.

Una nueva esperanza

La historia se repite, veintisiete años después. Greta Thunberg, casi una niña, casi una adulta, empujada por una profunda naturalgia, se sienta delante del Parlamento de Suecia, su país, primero durante tres semanas enteras y después cada viernes en protesta por la inacción de su gobierno ante el desastre de mayor calibre de todos los que el hombre por desgracia es responsable: el cambio climático. Su activismo ha dado a luz al movimiento Fridays for Future, gente joven del mundo entero que lucha por su futuro.

El 28 de diciembre de 2018 en Katowice (Polonia), en la enésima conferencia sobre el cambio climático de la Naciones Unidas, Greta Thunberg se dirigió a los líderes del mundo con un discurso muy parecido al de Severn. La novedad principal es esta:

> Nos habéis ignorado en el pasado y volveréis a hacerlo otra vez. Nos hemos quedado sin excusas y sin tiempo. Hemos venido aquí para haceros saber que el cambio está llegando, os guste o no. El poder real pertenece a la gente.

El poder real pertenece a la gente.

Gente joven del mundo, no olvidéis nunca que siempre seréis recién llegados.

Adultos del mundo, que la vergüenza no nos haga bajar la mirada.

Hagamos todo lo que esté en nuestras manos.

«Ustedes, adultos, dicen que nos quieren. Pero yo les reto: por favor hagan que sus acciones reflejen sus palabras», dice Severn al final de su discurso de 1992.

«¡Decíais que nos queríais!», reclama Severn en 2010. «Y hoy sigo diciendo las mismas cosas. Soy una adulta, pero aún digo lo mismo. Sigo creyendo en ello».

Ahoga un llanto.

«Aún tengo muchas esperanzas», remonta sobre las lágrimas.

Tú, que lees esto, eres una de ellas; una nueva esperanza.

AKIPARLA LA FUERZA DE LA PALABRA